Saison für saftige Obstkuchen

Ob mit Kirschen, Beeren oder Äpfeln, Pfirsichen, Aprikosen oder Birnen, Obst bringt Farbe in die Backstube. Nutzen Sie das breite Angebot an frischen Früchten in der Erntezeit, sonnengereiftes Obst ist besonders aromatisch und ideal für feine Kuchen und leichtes Gebäck. Die Rezepte sind ganz einfach, auch weniger geübten Bäckern gelingen diese Kuchen problemlos. Wir wünschen Ihnen viel Freude beim Backen!

Erdbeer-Schichttorte

Schmeckt auch mit Himbeeren oder in Spalten geschnittenen Mangos.

Dekorativ

Für den Quark-Öl-Teig:
150 g Magerquark • 100 g Zucker
1 Teel. abgeriebene, unbehandelte Zitronenschale
6 Eßl. Öl • 1 Prise Salz
250 g Mehl • 1 Teel. Backpulver
Für die Füllung:
750 g Erdbeeren
3 Eßl. Gelin (pflanzliches Flüssig-Geliermittel, oder 4 Blatt Gelatine, Seite 34)
500 g Sahne • 2 Eßl. Zucker
1 Päckchen Vanillezucker
1 Eßl. Puderzucker zum Bestäuben
Mehl für die Arbeitsfläche
Butter für die Bleche

- Vorbereitungszeit: 45 Min.
- Backzeit: 45 Min. (bei Umluft 15 Min.)

Bei 12 Stück pro Stück etwa:
1339 kJ/320 kcal

1

Den Backofen auf 200° vorheizen. Ein Backblech einfetten. Aus Quark, Zucker, Zitronenschale, Öl, Salz, Mehl und Backpulver mit den Knethaken des Handrührgerätes einen geschmeidigen Teig kneten.

2

Den Teig in drei Portionen auf einer bemehlten Arbeitsfläche ausrollen, mit einem Springformrand von 24 cm Ø drei Scheiben ausstechen.

3

Die Teigscheiben nacheinander auf dem Blech im Backofen (Mitte) in je 15 Min. goldgelb backen. Bei Umluft (180°) die Teigscheiben gleichzeitig in 15 Min. backen.

4

Die Erdbeeren waschen, abtrocknen, putzen und 250 g davon pürieren. Einige Erdbeeren zum Garnieren zurückbehalten, die restlichen Früchte halbieren.

5

Gelin unter das Erdbeerpüree rühren. Die Sahne mit Zucker und Vanillezucker steif schlagen und bis auf 4 Eßlöffel unter das Fruchtpüree ziehen.

6

Die Hälfte der Erdbeersahne mit einem Spritzbeutel mit großer Sterntülle auf einen Tortenboden spritzen. Die halbe Menge Erdbeeren hineindrücken. Den zweiten Boden darauf legen und die restliche Erdbeersahne darauf spritzen. Restliche Erdbeerhälften darauf verteilen. Die Füllung mit dem letzten Tortenboden bedecken. Die Torte mit der restlichen Schlagsahne und Erdbeeren verzieren. Mit Puderzucker bestäuben und bis zum Servieren kühl stellen.

Rhabarberkuchen mit Schmandguß

Probieren Sie diesen Kuchen auch einmal mit Blaubeeren oder Kirschen.

Gelingt leicht

Zutaten für eine Springform von 24 cm Ø:
500 g Rhabarber • 200 g Zucker
2 Päckchen Vanillezucker
150 g weiche Butter
1 Prise Salz • 5 Eier
150 g Mehl • 75 g Speisestärke
2 Teel. Backpulver • 125 g Schmand
1 Eßl. Puderzucker
Butter für die Form

- Vorbereitungszeit: 1 Std.
- Backzeit: 55 Min.

Bei 12 Stück pro Stück etwa:
1020 kJ/244 kcal

!

Statt mit Schmandguß können Sie den Kuchen auch mit einer Baiserhaube backen: 3 Eiweiße mit 1 Prise Salz und 150 g Zucker steif schlagen. 50 g gemahlene Haselnüsse und 1 Eßlöffel Zitronensaft untermischen. Den Eischnee nach 35 Min. Backzeit auf den Kuchen streichen, in 20 Min. fertigbacken.

1

Den Rhabarber waschen, die Enden abschneiden und die Haut in Fäden abziehen. Rhabarberstangen in 3 cm lange Stücke schneiden. Den Backofen auf 180° vorheizen. Die Springform einfetten.

2

Den Zucker mit dem Vanillezucker mischen. Die Butter mit 125 g Zucker schaumig rühren. Nach und nach 3 Eier unterrühren. Das Mehl mit der Speisestärke und dem Backpulver mischen und unter die Butter-Eier-Masse rühren.

3

Den Teig in die Form geben und glattstreichen. Die Rhabarberstücke darauf verteilen und etwas in den Teig drücken. Den Kuchen im Backofen (unten, Umluft 160°) 35 Min. backen.

4

Den Schmand mit den restlichen Eiern und dem restlichen Zucker verrühren, über den Kuchen gießen. Den Rhabarberkuchen im Backofen (Mitte) in 25 Min. fertigbacken.

5

Den Kuchen etwas abkühlen lassen, dann aus der Form nehmen, völlig erkalten lassen und kurz vor dem Servieren mit Puderzucker bestäuben.

Obstkuchen mit Orangencreme

Variieren Sie den Obstbelag nach Belieben mit Früchten der Saison.

Schmeckt nur ganz frisch

Zutaten für eine Springform von 26 cm Ø:
80 g weiche Butter • 80 g Zucker
1 Päckchen Vanillezucker • 2 Eier
150 g Mehl • 1 Teel. Backpulver
1 Prise Salz • 4 Eßl. Milch
250 g Brombeeren • 300 g Himbeeren
1/2 kleine Ananas • 1 große Kiwi
400 g Sahne • 1 Päckchen Vanillezucker
150 g Sahnequark
3 Eßl. Orangenmarmelade
4 Eßl. Gelin (pflanzliches Flüssig-Geliermittel, oder 3 Blatt Gelatine, Seite 34)
1 Päckchen farbloser Tortenguß
2 Eßl. Zucker
50 g gehackte Pistazien (oder geröstete Mandelblättchen) • Butter für die Form

- Vorbereitungszeit: 1 1/2 Std.
- Backzeit: 20–25 Min.

Bei 12 Stück pro Stück etwa:
1452 kJ/347 kcal

1

Backofen auf 200° vorheizen, Form einfetten. Butter, Zucker und Vanillezucker schaumig rühren, Eier hinzufügen. Mehl mit Backpulver und Salz mischen, abwechselnd mit der Milch unterrühren.

2

Teig in die Form füllen, glattstreichen und im Backofen (Mitte, Umluft 180°) in 20–25 Min. goldgelb backen. Den Kuchen auf eine Servierplatte stürzen. Den Rand der Platte mit 3–4 Streifen Alufolie oder Backpapier ringsum abdecken.

3

Brombeeren waschen und trockentupfen, Himbeeren verlesen. Die Ananashälfte schälen, längs halbieren und den Strunk enfernen. Fruchtviertel in Scheiben schneiden (Seite 34). Kiwi schälen und in Scheiben schneiden.

4

Die Sahne mit Vanillezucker steif schlagen. Quark mit Marmelade und Gelin verrühren, drei Viertel der Schlagsahne unterziehen. Die Creme auf den ausgekühlten Kuchenboden streichen.

5

Die Früchte auf dem Kuchenboden verteilen. Den Tortenguß mit Zucker und 1/4 l Wasser nach Packungsanweisung zubereiten, unter Rühren etwas abkühlen lassen und die Früchte damit überziehen. Restliche Sahne auf den Kuchenrand streichen (Seite 35). Pistazien mit Hilfe eines Streifens Backpapier auf den Sahnerand streuen (Seite 35). Vor dem Servieren die Alufolien- oder Papierstreifen von der Platte entfernen.

Kirsch-Schokokuchen

Der lockere, saftige Kuchen wird ganz ohne Mehl gebacken.

Raffiniert

Zutaten für eine Springform von 26 cm Ø:
500 g Süßkirschen (oder Sauerkirschen)
100 g Zartbitter-Schokolade
5 Eier
1 Prise Salz
125 g weiche Butter
100 g Zucker
1 Päckchen Vanillezucker
200 g gemahlene Mandeln
1 Eßl. Puderzucker
Butter und Semmelbrösel für die Form

- Vorbereitungszeit: 1 Std.
- Backzeit: 1 Stunde 20 Min.

Bei 12 Stück pro Stück etwa:
1012 kJ/242 kcal

!

Zum Entsteinen der Kirschen sollten Sie einen speziellen Entsteiner benutzen. Oder Sie behelfen sich mit einer großen Sicherheitsnadel: Man faßt die Nadel am Verschluß an und drückt die Kerne am Stielansatz mit dem Ring am anderen Ende der Nadel heraus.

1

Die Kirschen waschen, abtrocknen und entsteinen. Die Schokolade fein reiben. Den Backofen auf 180° vorheizen.

2

Die Eier trennen. Eiweiße mit Salz zu steifem Schnee schlagen. Die Butter mit Zucker cremig rühren, Eigelbe nach und nach untermischen. Die Schokolade unterrühren und die gemahlenen Mandeln mit dem Eischnee unterheben.

3

Die Springform einfetten und mit Semmelbröseln ausstreuen. Den Teig einfüllen und die Kirschen darüber verteilen.

4

Den Kirschkuchen im Backofen (unten, Umluft 160°) 1 Std. 10 Min. backen. Den Kuchen im ausgeschalteten Backofen noch 10 Minuten stehen lassen.

5

Den Kirschkuchen aus der Form lösen, auskühlen lassen und vor dem Servieren mit Puderzucker bestäuben.

Johannisbeer-schnitten

Ein fruchtiger Blitzkuchen, der auch mit Brombeeren schmeckt.

Schnell

Zutaten für 8 Schnitten:
4 Eier • 1 Prise Salz
100 g Zucker
1 Päckchen Vanillezucker
100 g Mehl • 50 g Speisestärke
1 Teel. Backpulver
600 g rote Johannisbeeren
3 Eßl. Zucker
150 g rotes Johannisbeergelee
2 Eßl. Crème de Cassis (Johannisbeer-likör) nach Belieben
200 g Sahne • 250 g Mascarpone
2 Eßl. Gelin (pflanzliches Flüssig-Gelier-mittel, oder 3 Blatt Gelatine, Seite 34)
2 Eßl. Puderzucker
Backpapier für das Blech

- Vorbereitungszeit: 45 Min.
- Backzeit: 12–14 Min.

Pro Stück etwa: 2033 kJ/486 kcal

!

Wie mit Rauhreif überzogen wirken die Johannisbeerrispen, wenn Sie sie noch naß in Zucker wälzen.

1

Den Backofen auf 200° vorheizen. Ein Blech mit Backpapier auslegen. Die Eier trennen, die Eiweiße mit Salz steif schlagen. Die Eigelbe mit Zucker und Vanillezucker schaumig rühren. Mehl mit Speisestärke und Backpulver mischen, auf die Eigelbcreme sieben und den Eischnee unterheben.

2

Die Biskuitmasse mit einem Spatel auf das Blech streichen und im Backofen (oben, Umluft 180°) 12–14 Min. backen. Auf ein Küchentuch stürzen und abkühlen lassen.

3

Die Johannisbeeren waschen, mit Küchenpapier trockentupfen, 8 Rispen zum Garnieren zurückbehalten. Die restlichen Beeren von den Rispen streifen und 2 Eßlöffel Zucker untermischen. Das Gelee mit dem Likör verrühren. Die Sahne steif schlagen. Mascarpone mit dem restlichen Zucker und Gelin verrühren, die Schlagsahne unterziehen.

4

Die Biskuitplatte quer halbieren. Eine Hälfte mit Gelee bestreichen, die Beeren darauf verteilen und die Sahnecreme darüber streichen. Den Teigdeckel in 8 gleich große Stücke schneiden und auf die Sahnecreme legen. Den Kuchen in 8 Teile schneiden, mit Puderzucker bestäuben und mit jeweils 1 Johannisbeerrispe garnieren.

Mohn-Aprikosen-Kuchen

Für diesen Mohnkuchen eignen sich genauso Pfirsiche oder Nektarinen.

Läßt sich gut vorbereiten

Zutaten für eine Springform
von 26 cm Ø:
Für den Mürbeteig:
280 g Mehl • 80 g Zucker
1/2 Teel. Zimt • 1 Prise Salz
1 Ei • 125 g kalte Butter
Für die Füllung:
200 ml Milch • 25 g Butter
200 g feingemahlener Mohn
2 Eßl. Semmelbrösel
500 g Aprikosen • 2 Eßl. Rum
3 Eßl. Zuckerrübensirup • 1/2 Teel. Zimt
1 Teel. abgeriebene, unbehandelte Zitronenschale • 2 Eier
Mehl für die Arbeitsfläche
Zum Bepinseln:
2 Eßl. Milch
2 Eßl. Aprikosenkonfitüre

- Vorbereitungszeit: 1 1/4 Std.
- Ruhezeit: 30 Min.
- Backzeit: 1 Std. 10 Min.

Bei 12 Stück pro Stück etwa:
1535 kJ/367 kcal

1

Aus Mehl, Zucker, Zimt, Salz, Ei und Butter in Stückchen rasch einen geschmeidigen Teig kneten. Den Mürbeteig zugedeckt 30 Min. kühl stellen.

2

Für die Füllung die Milch mit der Butter erhitzen. Den Mohn mit den Semmelbröseln mischen. Die kochendheiße Milch darüber gießen und den Mohn zugedeckt 30 Min. quellen lassen. Die Aprikosen waschen, abtrocknen, halbieren und entsteinen.

3

Den Ofen auf 200° vorheizen. 3/4 des Mürbeteiges auf einer bemehlten Arbeitsfläche ausrollen, die Springform damit auskleiden, dabei einen 3 cm hohen Rand formen. Den Teigboden mehrmals mit einer Gabel einstechen und im Backofen (Mitte, Umluft 180°) 15 Min. backen.

4

Rum, Zuckerrübensirup, Zimt, Zitronenschale und Eier unter die lauwarme Mohnmasse ziehen. Die Mohnmasse auf dem Teigboden verteilen und die Aprikosenhälften hineindrücken.

5

Den restlichen Teig auf einer bemehlten Arbeitsfläche ausrollen und 1 cm breite Streifen ausradeln. Die Teigstreifen gitterförmig auf die Mohnfüllung legen (Seite 35) und mit Milch bepinseln. Den Ofen auf 180° (Umluft 160°) zurückschalten. Den Kuchen in 45 Min. fertig backen, dann 10 Min. im abgeschalteten Ofen stehen lassen. Die Konfitüre leicht erwärmen und das Kuchengitter damit bepinseln (Seite 35).

Brombeer-Grießkuchen

Diesen Kuchen können Sie auch lauwarm mit Vanilleeis servieren

Gelingt leicht

Zutaten für eine Springform
von 26 cm Ø:
1/2 l Milch
150 g Hartweizengrieß
80 g Butter
100 g Zucker
1 Päckchen Vanillezucker
50 g gemahlene Haselnüsse
100 g Sahne
1 Teel. abgeriebene, unbehandelte Zitronenschale
600 g Brombeeren
4 Eier
1 Prise Salz
1 Eßl. Puderzucker
Butter und Grieß für die Form

- Vorbereitungszeit: 45 Min.
- Backzeit: 1 Stunde 10 Min.

Bei 12 Stück pro Stück etwa:
1016 kJ/243 kcal

!

Statt Brombeeren können Sie auch entsteinte Sauerkirschen verwenden.

1

Milch zum Kochen bringen. Grieß einstreuen und bei schwacher Hitze unter Rühren in 3 Min. ausquellen lassen. Grießbrei in eine Rührschüssel füllen und etwas abkühlen lassen.

2

Butter mit Zucker, Vanillezucker, gemahlenen Nüssen, Sahne und Zitronenschale unter den Grießbrei rühren.

3

Den Backofen auf 190° vorheizen. Brombeeren waschen und trockentupfen. Eier trennen, nach und nach die Eigelbe unter den Grießbrei ziehen. Eiweiße mit Salz steif schlagen. Einige Brombeeren zum Garnieren zurückbehalten, die restlichen Beeren und den Eischnee unter die Grießmasse heben.

4

Die Springform gut einfetten und mit Grieß ausstreuen. Die Grießmasse einfüllen, glattstreichen und im Backofen (Mitte, Umluft 170°) in etwa 1 Std. goldbraun backen. Den Backofen ausschalten und den Kuchen noch 10 Min. im Ofen lassen.

5

Den Kuchen aus der Form lösen und auskühlen lassen. Vor dem Servieren mit Puderzucker bestäuben, die restlichen Brombeeren in die Mitte des Kuchens legen.

Hefeteig zubereiten

1 In die Mehlmulde die Hefe bröckeln, mit 1 Teelöffel Zucker und etwas lauwarmer Milch verrühren, an einem warmen Platz 15 Min. zugedeckt gehen lassen.

2 Restliche Zutaten hinzufügen und den Teig mit den Knethaken des Handrührgerätes gründlich durcharbeiten. Dann mit den Händen noch gut durchkneten.

3 Den Hefeteig an einem warmen Platz 30–45 Min. zugedeckt gehen lassen. Danach durchkneten und auf einer bemehlten Fläche in Größe des Backblechs ausrollen.

4 Ein gefettetes Blech mit dem Teig belegen, einen Rand formen. Mit Obst, z.B. Zwetschgen, belegen und 10 Min. ruhen lassen.

Brandteig zubereiten

1 Wasser mit Butter, Salz und Vanillezucker zum Kochen bringen. Das Mehl hineinschütten. Bei schwacher Hitze rühren, bis sich der Teig vom Topfboden löst.

2 Den Teig in eine Rührschüssel geben, nach und nach mit den Knethaken des Handrührgerätes die Eier untermischen, bis der Teig glatt und glänzend ist.

3 Den Brandteig in einen Spritzbeutel mit großer Sterntülle füllen und Teigrosetten oder -streifen mit genügend Abstand auf ein kalt abgespültes Blech spritzen.

4 Die Windbeutel oder Eclairs etwas abkühlen lassen, dann durchschneiden und üppig, z.B. mit Beeren und Quarkcreme, füllen.

Birnenkuchen

Ein saftiger Vollwertkuchen, der auch mit Äpfeln schmeckt.

Läßt sich gut vorbereiten

Zutaten für eine Springform von 26 cm Ø:
Für den Mürbeteig:
225 g Weizenvollkornmehl
100 g kalte Butter
50 g gemahlene Mandeln
1 Teel. gemahlene Vanille (aus dem Reformhaus)
3 Eßl. Honig
1 kleines Ei
Für die Füllung:
3 Eier
250 g Sahne
1 gehäufter Eßl. Maisgrieß (Polenta)
5 Eßl. Birnendicksaft (aus dem Reformhaus)
1 kg feste Birnen (Kaiser Alexander oder grüne Williams)
3 Eßl. Zitronensaft
40 g gehackte Mandeln
Vollkornmehl für die Arbeitsfläche

- Vorbereitungszeit: 1 1/4 Std.
- Ruhe- und Quellzeit: 45 Min.
- Backzeit: 1 Std.

Bei 12 Stück pro Stück etwa:
1251 kJ/299 kcal

1

Das Vollkornmehl mit der Butter in Stückchen, den gemahlenen Mandeln, der Vanille, dem Honig und dem Ei rasch zu einem geschmeidigen Teig verkneten. Den Mürbeteig zu einer Kugel formen und zugedeckt 45 Minuten im Kühlschrank ruhen lassen.

2

Die Eier mit Sahne, Grieß und 3 Eßlöffeln Birnendicksaft verrühren. Die Mischung 15 Minuten quellen lassen.

3

Die Birnen vierteln, schälen und das Kerngehäuse entfernen. Die Birnen in 1 cm große Würfel schneiden, mit dem restlichen Birnendicksaft und Zitronensaft erhitzen. Unter Rühren 2 Minuten dünsten, in ein Sieb gießen und abtropfen lassen.

4

Den Backofen auf 180° vorheizen. Den Mürbeteig auf einer mit Mehl bestäubten Arbeitsplatte dünn ausrollen und die Springform damit auskleiden, dabei einen 3 cm hohen Rand formen. Den Teigboden mehrmals mit einer Gabel einstechen. Den Teig im Backofen (Mitte, Umluft 160°) 15 Minuten vorbacken.

5

Die Birnenwürfel einfüllen, den Eier-Sahne-Guß darüber gießen und mit den gehackten Mandeln bestreuen. Den Kuchen in 45 Min. fertigbacken.

Windbeutel mit Beerenquark

Als Füllung eignen sich auch Erdbeeren oder Kirschen.

Erfrischend

Zutaten für etwa 24 Stück:
Für den Brandteig:
60 g Butter • 1 Prise Salz
1 Päckchen Vanillezucker
150 g Mehl • 4 Eier
Für die Füllung:
200 g Brombeeren
200 g rote Johannisbeeren
200 g Himbeeren
100 g Zucker
250 g Magerquark
3 Eßl. Gelin (pflanzliches Flüssig-Geliermittel, oder 3 Blatt Gelatine, Seite 34)
200 g Sahne
1 Eßl. Puderzucker zum Bestäuben

- Vorbereitungszeit: 1 Std.
- Backzeit: 20 Min.

Pro Stück etwa: 452 kJ/108 kcal

1

Den Backofen auf 220° vorheizen. Butter mit 150 ml Wasser, Salz und Vanillezucker zum Kochen bringen. Das Mehl hineinschütten. Den Teig rühren, bis sich ein Kloß gebildet hat (Seite 19).

2

Den Teig in eine Rührschüssel geben. Nach und nach die Eier untermischen. Den Brandteig in einen Spritzbeutel mit großer Sterntülle füllen.

3

24 pflaumengroße Häufchen auf ein kalt abgespültes Backblech spritzen (Seite 19). Im Ofen (Mitte, Umluft 200°) in 20 Minuten goldgelb backen. Die Windbeutel etwas abkühlen lassen, dann quer durchschneiden.

4

Die Brombeeren und die Johannisbeeren waschen und trockentupfen. Johannisbeeren von den Rispen zupfen, Himbeeren verlesen. Die Hälfte der Himbeeren mit 50 g Zucker pürieren. Die übrigen Beeren mit dem restlichen Zucker mischen.

5

Den Quark mit Himbeerpüree und Gelin verrühren. Die Sahne steif schlagen und unter den Quark ziehen.

6

Die Windbeutel mit der Beerenmischung füllen. Den Himbeerquark mit einem Spritzbeutel mit großer Sterntülle aufspritzen. Die Teigdeckel locker daraufsetzen und mit Puderzucker bestäuben (Seite 19).

Blaubeerstrudel

Mit Schlagsahne serviert, ist dieser Strudel unübertroffen.

Braucht etwas Zeit

Zutaten für einen Strudel:
Für den Teig:
300 g Mehl
1 Ei • 3 Eßl. Öl
1 Prise Salz • 1 Teel. Zucker
Für die Füllung:
350 g Blaubeeren
70 g Zucker • 1 feste Banane
2 Eßl. Zitronensaft
70 g Amaretti (italienisches Mandelgebäck) • 100 g Butter
50 g Kokosflocken
1 Eßl. Puderzucker zum Bestäuben
Mehl für die Arbeitsfläche
Backpapier für das Blech

- Vorbereitungszeit: 1 1/4 Std.
- Ruhezeit: 30 Min.
- Backzeit: 45–50 Min.

Bei 10 Stück pro Stück etwa:
1410 kJ/337 kcal

1

Mehl, Ei, Öl, Salz, Zucker und 100 ml Wasser mit den Knethaken des Handrührgerätes vermischen. Danach den Teig mit den Händen weiterkneten, bis er geschmeidig ist. Strudelteig unter einer Schüssel 30 Min. ruhen lassen.

2

Die Blaubeeren waschen und verlesen, auf Küchenpapier trocknen lassen und in einer Schüssel mit dem Zucker bestreuen. Die Banane schälen, in 1 cm große Würfel schneiden, mit Zitronensaft und Beeren mischen. Die Amaretti in einer Plastiktüte mit dem Nudelholz zerdrücken.

3

Den Backofen auf 200° vorheizen. Die Butter zerlassen. Das Blech mit Backpapier auslegen.

4

Den Teig auf einer leicht bemehlten Arbeitsfläche ausrollen und über den Handrücken dünn ausziehen. Danach auf ein bemehltes Küchentuch legen und mit 50 g Butter bepinseln.

5

Die Kokosflocken auf den Teig streuen, einen 3 cm breiten Rand frei lassen. Die Blaubeer-Bananen-Mischung über die Kokosflocken verteilen. Amarettibrösel darüber streuen.

6

Den Strudel mit Hilfe des Küchentuches aufrollen, mit der »Naht« nach unten auf das Blech legen, die Enden einschlagen. Mit Butter bepinseln und im Backofen (Mitte, Umluft 180°) in 45–50 Min. goldgelb backen, dabei noch 2–3 mal mit Butter bepinseln. Mit Puderzucker bestäuben.

Aprikosen-Stachelbeer-Teilchen

Sie können die Blätterteigtaschen auch mit Brombeeren und Himbeeren füllen.

Gelingt leicht

Zutaten für 12 Stück:
1 Packung tiefgekühlter Blätterteig (450 g)
400 g Aprikosen
200 g Stachelbeeren
1 Eigelb
20 g Mandelblättchen
150 g Aprikosenkonfitüre
Mehl für die Arbeitsfläche
Backpapier für die Bleche

- Zeit zum Auftauen: 30 Min.
- Vorbereitungszeit: 40 Min.
- Backzeit: 25 Min.

Pro Stück etwa: 1104 kJ/264 kcal

!

Achten Sie darauf, daß Sie vollreife Stachelbeeren und Aprikosen bekommen, da die Füllung der Blätterteigtaschen sonst zu sauer schmeckt. Die Früchte eventuell mit 1 Eßlöffel Zucker süßen, bevor man sie in die Teigtaschen füllt.

1

Die Blätterteigplatten auf eine leicht bemehlte Arbeitsfläche legen und in 30 Min. auftauen lassen.

2

Die Aprikosen kreuzweise einritzen, in kochendem Wasser 2 Min. blanchieren, häuten, halbieren, vom Stein befreien und in Spalten schneiden. Die Stachelbeeren waschen, die Enden abzupfen und die Beeren mit Küchenpapier abtrocknen.

3

Den Backofen auf 200° vorheizen. Das Eigelb mit 1 Eßlöffel Wasser verquirlen. 2 Bleche mit Backpapier auslegen.

4

Blätterteigplatten halbieren und auf einer bemehlten Arbeitsfläche leicht ausrollen, so daß Quadrate von etwa 12 x 12 cm entstehen. Jeweils zwei diagonale Teigecken mit Eigelb bepinseln und zusammendrücken. Die Taschen auf die Bleche legen, mit Aprikosenspalten und Stachelbeeren füllen.

5

Die Blätterteigtaschen mit dem restlichen Eigelb bepinseln und im Backofen (Mitte, Umluft 180°) in 25 Min. goldgelb backen. Die Mandelblättchen unter Wenden in einer trockenen Pfanne hellbraun rösten.

6

Die Konfitüre kurz erhitzen, durch ein Sieb streichen und die Blätterteigtaschen damit bepinseln. Mit den Mandelblättchen bestreuen und auskühlen lassen.

Gestürzter Apfelkuchen

Ein feiner, nicht zu süßer Kuchen für jede Jahreszeit.

Vollwertig

Zutaten für eine Springform von 26 cm Ø:
100 g Walnußkerne
500 g säuerliche Äpfel (z. B. Cox Orange oder Boskop)
2 Eßl. Zitronensaft
200 g weiche Butter
100 g Honig
1/2 Teel. Zimt
3 Eier
1 Teel. abgeriebene, unbehandelte Zitronenschale
150 g Weizenvollkornmehl
50 g Maisgrieß (Polenta)
2 Teel. Weinstein-Backpulver
50 g Rohrzucker
1/8 l Sahne (nach Belieben)
Backpapier für die Form

- Vorbereitungszeit: 1 Std.
- Backzeit: 50 Min.

Bei 12 Stück pro Stück etwa:
1217 kJ/291 kcal

!

Der gestürzte Apfelkuchen eignet sich hervorragend zum Einfrieren.

1

70 g Walnußkerne fein mahlen. Die Äpfel schälen, vierteln und das Kerngehäuse entfernen. Die Viertel in dicke Spalten schneiden und mit Zitronensaft beträufeln.

2

150 g Butter mit Honig und Zimt cremig rühren. Nach und nach die Eier und die Zitronenschale hinzufügen. Das Mehl mit Maisgrieß, Backpulver und gemahlenen Walnüssen vermischen, unter die Butter-Eier-Masse rühren.

3

Den Backofen auf 180° vorheizen. Die restliche Butter zerlassen. Boden und Rand der Springform mit Backpapier auskleiden.

4

Flüssige Butter in die Form gießen, mit dem Pinsel verstreichen und die Apfelspalten ringsum darauf anordnen. In die Zwischenräume die Walnußkerne legen. Die Äpfel mit Rohrzucker bestreuen. Den Teig einfüllen und glattstreichen.

5

Den Apfelkuchen im Backofen (Mitte, Umluft 160°) in 50 Min. goldbraun backen. In der Form etwas abkühlen lassen. Dann den Rand der Form lösen und den Kuchen auf eine Servierplatte stürzen. Nach Belieben mit Sahnetupfen verzieren.

Pfirsichmuffins

Für diese Minikuchen eignen sich auch Blaubeeren.

Gelingt leicht

Zutaten für 18 Stück:
600 g gelbe Pfirsiche
125 g weiche Butter
100 g Zucker
100 g Marzipan-Rohmasse
3 Eier
250 g Mehl
2 Teel. Backpulver
4 Eßl. Milch
1 Eßl. Puderzucker
18 Papier-Backförmchen (5 cm Ø)

- Vorbereitungszeit: 45 Min.
- Backzeit: 20–25 Min.

Pro Stück etwa: 799 kJ/191 kcal

!

Wenn die Papierförmchen sehr dünn und deshalb nicht stabil genug sind, sollten Sie für je 1 Muffin 2 ineinandergesetzte Förmchen verwenden, weil der Teig beim Backen sonst die Förmchen zu sehr auseinanderdrückt. Ganz einfach geht es natürlich mit Muffins-Backblechen, die es speziell für diese kleinen Törtchen im Handel gibt.

1

Wasser in einem Topf zum Kochen bringen. Die Pfirsiche kreuzweise einschneiden, in das kochende Wasser legen, 2 Minuten blanchieren und kalt abschrecken. Die Früchte häuten, halbieren, vom Stein lösen und das Fruchtfleisch in 1 cm große Würfel schneiden.

2

Den Backofen auf 200° vorheizen. Die Butter mit Zucker schaumig rühren. Marzipan klein würfeln und mit den Eiern unterrühren. Das Mehl und das Backpulver mischen und abwechselnd mit der Milch unter die Butter-Eier-Masse mengen.

3

Die Förmchen auf ein Blech stellen und zu etwa zwei Drittel mit Teig füllen. Die Fruchtwürfel leicht hineindrücken.

4

Die Muffins im Backofen (Mitte, Umluft 180°) in 20–25 Min. goldgelb backen. Vor dem Servieren mit Puderzucker bestäuben.

Zwetschgendatschi

Ein saftiger Blechkuchen für den Spätsommer.

Klassiker

Zutaten für ein Backblech:
Für den Hefeteig:
500 g Mehl • 1 Prise Salz
1 Teel. abgeriebene, unbehandelte Zitronenschale
1 Würfel Hefe (42 g)
75 g Zucker • 75 g weiche Butter
1/8 l lauwarme Milch • 1 Ei
Zum Belegen:
1 1/4 kg Zwetschgen
50 g gemahlene Haselnüsse
100 g Hagelzucker
Butter für das Blech
Mehl für die Arbeitsfläche

- Vorbereitungszeit: 1 Std.
- Zeit zum Gehenlassen: 30–45 Min.
- Backzeit: 40–45 Min.

Bei 16 Stück pro Stück etwa:
1058 kJ/253 kcal

!

Hefeteig können Sie mit einem Vorteig zubereiten (Seite 18). Schneller geht es, wenn Sie, wie im Rezept beschrieben, gleich alle Zutaten vermischen. Wichtig: die Zutaten müssen handwarm sein.

1

Mehl, Salz, Zitronenschale, zerbröckelte Hefe, Zucker, Butter, Milch und Ei mit den Knethaken des Handrührgerätes gründlich durchkneten (Seite 18), zu einer Kugel formen, in eine Schüssel legen und mit einem Küchentuch zudecken. 30–45 Min. an einem warmen Ort gehen lassen, bis sich das Teigvolumen fast verdoppelt hat (Seite 18).

2

Die Zwetschgen waschen und trockenreiben. Dann zur Hälfte aufschneiden, entsteinen und so in Viertel einschneiden, daß sie noch zusammenhängen.

3

Ein Backblech einfetten. Den Hefeteig nochmals gut durchkneten, auf einer bemehlten Arbeitsfläche ausrollen, das Blech damit auskleiden, dabei einen kleinen Rand formen (Seite 18). Den Backofen auf 180° vorheizen.

4

Die Nüsse auf den Teig streuen, die Zwetschgen darauf anordnen und mit 50 g Hagelzucker bestreuen. Den Teig nochmals 10 Min. ruhen lassen.

5

Den Zwetschgendatschi im Backofen (Mitte, Umluft 160°) 40–45 Min. backen. Abkühlen lassen und mit dem restlichen Hagelzucker bestreuen.

Gelatine verwenden

1 Anstatt Gelin können Sie auch Gelatine verwenden. Gelatine etwa 5 Min. in kaltem Wasser einweichen, dann tropfnaß in einem kleinen Topf bei schwacher Hitze auflösen.

2 Gelatine mit 3–4 Eßlöffeln Creme verrühren, unter die restliche Creme mischen und kühl stellen. Schlagsahne unterheben, wenn die Masse steif wird. 1 Std. kühl stellen.

Ananas vorbereiten

1 Die Ananashälfte großzügig schälen, dabei auch die »Augen« mit einem spitzen kleinen Messer ausschneiden.

2 Die Ananashälfte halbieren, den Strunk in der Mitte entfernen und das Fruchtfleisch in Scheiben schneiden.